Ils sont fous ces Allemands

Illustrations
Pic

textes
Stéphane
Germain

La Sirène

Conception graphique : Thierry Chapuy, Stéphane Vrielinck (L'éclaireur)

Dépôt légal : troisième trimestre 1995
ISBN : 2.84045.185.9

Achevé d'imprimer en août 1995 sur les presses de l'imprimerie Proost, CEE.

Editions La Sirène
215, rue Galliéni
92100 Boulogne

Sommaire

CHÉRIE ! C'EST ENCORE LES VOISINS ...

Introduction

A l'heure du grand marché unique, certains esprits chagrins pourront estimer déplacé de taxer de folie les principaux alliés des Français dans la construction européenne. Il semble donc légitime de rappeler à ces doux utopistes, que nous sommes — mais oui — toujours en guerre avec l'Allemagne. Même s'il y a un moment que nous ne nous sommes pas réfugiés dans les caves, aucun traité de paix n'a jamais été signé à l'issue de la dernière guerre. Pourquoi ?

Mais parce que, quoique considérée comme un secret d'État, la terrible vérité n'a pas échappé aux sages qui nous gouvernent : les Allemands sont fous, et on ne signe pas de traité avec des fous.

C'est contraints et forcés qu'en 1990 nous avons reconnu l'Allemagne comme un État souverain, alors qu'auparavant elle n'était qu'une zone industrielle entourée de barbelés. Lucide, le président Mitterrand avait pourtant bien signalé, lors de la chute du mur de Berlin, que la réunification de l'Allemagne n'était pas à l'ordre du jour. Lui savait que le monde n'avait rien à gagner de la fusion de deux asiles. Dans l'un, on dopait les athlètes, dans l'autre on dope les ouvriers. Le monde est maintenant bien avancé, ils sont plus fous que jamais.

1-Vie Privée

Les Allemands ont dressé un véritable rideau de fer — attention humour — entre leur vie privée et leur vie publique ou professionnelle. Comme il n'est guère envisageable de se lier d'amitié avec eux (sous peine d'être tondu), vous n'aurez donc pas l'occasion de goûter la douce atmosphère des foyers teutons qui sont paraît-il très gemütlich — douillets. Il faudra vous contenter de la raideur germanique et publique, qui s'efface dans l'intimité, sauf dans certaines circonstances où une certaine rigidité reste indispensable. A vous donc les images d'Épinal et la bière, dont le Goth est friand.

Famille

La famille et le foyer offrent un refuge au stress intense de l'existence. Ce dernier est élevé, aussi en va-t-il de même pour le confort des maisons : un intérieur bâclé ou des sièges défoncés ne sont guère envisageables par ici. Comme partout en Europe, le taux de divorce augmente et les Allemands aiment leur famille sans excès, car la formation en piste est toujours provisoire. Les enfants surtout ne sont pas particulièrement idolâtrés. Véritable menace à l'ordre établi, tant leur comportement reste imprévisible, leurs parents attendent avec impatience que l'adolescence, et l'éducation reçue, en fassent de parfaits défenseurs de l'ordre, et d'une certaine conception du houblon.
Contrairement aux Anglais, les Allemands aiment beaucoup leurs vieux. On les comprend, puisqu'aux vues de leur courbe de natalité, le pays ne sera dans quelques décennies qu'une vaste maison de retraite. Les vieux sont plus sages, plus raisonnables, plus soucieux de l'ordre et de la tranquillité, en un mot plus allemands. La génération des cinquante ans ne rêve que d'une chose : prendre sa place au plus vite pour pouvoir être traitée avec la même déférence.
Les compatriotes de Goethe aiment bien sûr leurs animaux domestiques, et tout particulièrement les chiens (posséder un chat dans ces conditions passe pour

un acte communiste). Ils aiment les chiens énormes ou minuscules, affublant ces derniers de costumes grotesques, qui, s'ils n'étaient pas largement répandus dans le pays, pourraient les faire passer pour des originaux (quelle horreur !). Dans ces conditions, les Allemands qui n'ont pas de chien passent pour des gens étranges (voire potentiellement excentriques). La possession d'un canari ou d'un hamster risque de vous attirer énormément d'ennuis avec votre voisinage, qui, s'il ne trouve pas un moyen de vous faire légalement déménager, envisagera de changer de quartier, pour ne pas avoir à supporter plus longtemps vos comportements déviants. Pour les rassurer, faites-vous livrer de la bière par palettes. De façon générale, ils ne goûtent en effet guère les excentriques, car comme les enfants, les originaux ont par définition tendance à se livrer à des actes ne cadrant guère avec l'Ordnung. Beaucoup, toutefois, vous sera pardonné si vous êtes étranger, mais là où la tolérance vis-à-vis d'un ignorant s'exerce, les mêmes agissements de la part d'un Allemand n'éveilleront aucune indulgence. En clair, ils envoient la police.

Ha-Ho (tomobile)

La voiture n'est pas une question de vie ou de mort ; c'est beaucoup plus important que cela. Alors que d'autres peuples chérissent leurs enfants, les Allemands préfèrent que les enfants restent à l'intérieur, afin que leurs automobiles puissent jouer dehors en paix. Tout doit bien sûr être en ordre dès qu'il est question d'auto. Il ne viendrait à l'esprit de personne de rouler dans une voiture sale, et celui qui s'y risquerait ne récolterait que regards furieux et commentaires acides. Attention néanmoins, il est formellement interdit de laver sa voiture le dimanche, même au fond de votre jardin, et il y aura toujours un voisin bien intentionné pour avertir la maréchaussée (les braves gens).
Porsche, BMW, Mercedes, ou même Opel (filiale de General Motors, donc moins allemande que les autres) permettent à chaque Allemand de se situer dans l'échelle sociale. La fonction des marques d'importation se limite au transport de leur propriétaire.
Même les Allemands de l'Est ont fait de la célèbre Trabant un symbole de leur identité nationale. A elle seule, cette famélique auto péniblement mobile résume la société

Les voitures allemandes sont, comme chacun le sait, épuisantes de fiabilité. C'est théoriquement la ruine des garagistes.

communiste : un moteur à deux temps dont le niveau de pollution affole les instruments de mesure, pour un nombre de chevaux développés proche de zéro, le tout sobrement noyé dans une ligne et des coloris démoralisants. Ils ont été fort surpris de l'engouement international pour cette menace roulante. Que des Anglais, des Français ou des Américains souhaitent acquérir cette horreur, à côté de laquelle une Fiat paraît indestructible, les laisse

perplexes. Aucun Allemand n'en voudrait, tant elle leur rappelle de mauvais souvenirs.
Les voitures allemandes sont, comme chacun le sait, épuisantes de fiabilité. C'est théoriquement la ruine des garagistes puisqu'elles ne tombent jamais en panne — alors que les constructeurs français chouchoutent leur réseau de concessionnaires en commercialisant des objets techniquement conçus pour avoir une autonomie de 500 km. Fort heureusement le prix d'une consultation chez BMW vaut environ dix fois le prix d'une consultation chez Renault (comme quoi la nature est bien faite). Une consommation de bière de tous les instants ne les empêche cependant pas d'avoir édicté une réglementation très stricte sur l'usage de l'alcool au volant, cela étant rendu encore plus indispensable par le fait que la vitesse sur autoroute n'est pas limitée. Officiellement, il existe toutefois une vitesse recommandée de 130 km/h qui n'inquiète que les touristes. Cette non-limitation fait bien évidemment fantasmer tous les Fangio du monde. Il faut cependant leur rappeler que les conducteurs allemands respectent par ailleurs infiniment mieux leur code de la route (et les autres limitations de vitesse), cette liberté n'étant que le pendant de leur grande sagesse.
Pour un étranger, surtout français ou italien — plus au sud, ils n'ont pas de voitures capables de rejoindre l'Allemagne — le comportement routier des Allemands peut être déconcertant. Il vaut donc mieux ne jamais se retrouver en tête d'une file de voitures, car il y a de fortes chances que, quelle que soit l'initiative que vous preniez, celle-ci vous attire les foudres de vos coreligionnaires. Dans un pays qui impose que les automobiles soient livrées avec une paire de gants chirurgicaux, il faut s'attendre à tout et ne surtout pas prendre les devants. Au moindre doute, abandonnez votre véhicule en courant, le Teuton est parfois pugnace.

RÉPONSE : ¡NEIR

Sexe

Le sexe est ici à peine une affaire privée. Comme pour toutes choses de l'existence, ce sujet est abordé franchement, sans fausse pudeur. Il est de bon ton d'en discuter à table entre amis, et se montrer mal à l'aise dans ce type de conversation prouve indubitablement à votre entourage que vous avez de graves problèmes sexuels. Vous serez donc soumis à de plus fortes pressions, afin que vos amis tentent de vous aider dans vos difficultés.
Le sexe, comme la marche en forêt, est un exercice physique sain. Comme elle, il est pratiqué avec une certaine rudesse, en beuglant. Chacun des participants sachant exactement pourquoi il est là, les préliminaires romantiques ne sont guère d'usage dans un pays où prime l'efficacité. Soyez donc prêt à supporter de vos partenaires wisigoths des cris sans retenue (de plaisir ou de désappointement — « ach Gunthar, mets-la moi doute » et une fois les opérations achevées, n'hésitez pas à parler technique (durée, position) et à comparer cette nuit à vos expériences précédentes — sinon votre partenaire s'en chargera.
Si vous cherchez des partenaires féminines cultivant l'aisselle broussailleuse, le tablier de sapeur généreux, et la gambette gainée naturelle, la Gothe est pour vous. N'ayant pas trouvé de procédé permettant de recycler ses poils ou d'en faire des pulls pour les Bosniaques, l'Allemande — permanentée dès son plus jeune âge — est très bien fourrée.

2-Vie intérieure

La vie intérieure d'un Allemand est intense et contradictoire. D'un côté, ils pensent être de braves types simples et honnêtes, de l'autre, ils sont également capables de temps en temps de s'enflammer à la façon des personnages romantiques.

Méfiance, il y a toujours un Beethoven qui sommeille dans le garagiste de la Sarre ou dans le paysan souabe. Ils pensent être cultivés et extrêmement bien élevés, ce qui prouve qu'ils n'ont jamais dû avoir comme voisin à la plage une famille allemande, ou que personne ne leur a jamais montré de photos de la fête de la bière.

ACH! CHÉRI !!
FIENS ME SEXER
TOUDEZUITE !! SCHNELL !
GLUPS
POILS
PIC

LE K.K.K. ALLEMAND…

C'EST LE PROGRAMME POUR LA FEMME ALLEMANDE: KÜCHE KINDER KIRCHE !
(LA CUISINE, LES ENFANTS, L'ÉGLISE) -

Religion

Avec son compère suisse Calvin, Luther a scellé le succès de la future nation allemande. L'œuvre de Luther, indépendamment de sa portée spirituelle, a légitimé chez les Allemands le désir de travailler et de toucher les fruits de leur travail, sans que ces récompenses terrestres viennent obérer les chances de gagner le paradis. Tous les Allemands imaginent d'ailleurs celui-ci comme parfaitement organisé, propre, et sans problème de plomberie. Ses disciples ont donc pu se mettre calmement au travail, et ils y sont toujours.

Le protestantisme n'est toutefois que très légèrement majoritaire dans la nouvelle Allemagne, rassemblant sous son obédience l'essentiel des populations du Nord, tandis que le sud du pays, et notamment la Bavière, est fervent catholique. Les deux communautés, ainsi que les deux Eglises, cohabitent de façon remarquable, et toutes deux vivent dans l'opulence puisque 8 % de l'impôt sur le revenu sont reversés aux administrateurs de l'autorité spirituelle. Il n'est donc pas rare que les fenêtres de la sacristie donnent sur le dernier modèle de BMW, avec lequel il est tout de même plus aisé de faire un bout de chemin de croix.

L'Eglise prend soin des vieux, des jeunes, des pauvres, et à l'étranger, des pauvres vieux ou des pauvres jeunes. Les Allemands soutiennent par ailleurs généreusement les organismes internationaux, préférant financer des gens sérieux et organisés, plutôt que des band aids, giveyourflouz aids ou anything aids.

Angoisse

Contrairement aux apparences, cette nation qui accumule les succès depuis cinquante ans doute d'elle même. L'angoisse en est même l'un des traits de caractère les plus marquants. Comme toute chose les concernant, ce stress inhérent à leur nationalité est une chose sérieuse. Il ne leur est donc pas possible de l'évacuer autour d'une bonne blague ou d'une bière (voire de quinze), comme le font les Anglais par exemple. Cette angoisse se nourrit de l'anxiété de la veille, à tel point qu'ils sont très étonnés qu'une catastrophe majeure (nucléaire, écologique, footballistique) ne les ait pas encore emportés, et restent persuadés que celle-ci est pour demain. Mais leur force, c'est de transformer cette inquiétude en vertus diverses : tout contrôler, tout surveiller, tout contrôler à nouveau. Voilà qui n'ôte rien au stress, mais concourt à l'efficacité d'une nation.

Ces grands garçons blonds aiment donc rêver. Tout ce que leur éducation leur interdit de faire, ils en rêvent souvent. Goethe disait ainsi « Pendant que nous, Allemands, essayons vainement de résoudre nos problèmes philosophiques, les Anglais rient de nous et conquièrent le monde avec pragmatisme.» Depuis, plus personne ne rigole.

3-Vie sociale

De façon générale la vie est quelque chose d'extrêmement sérieux. Tout ce qui n'est pas sérieux est suspect, et le hasard n'a pas place dans la vie des Allemands : l'imprévu, qui reste le lot commun des Français qui ne se fatiguent pas à prévoir quoi que ce soit, l'imprévu donc, est le cauchemar allemand, devant lequel la belle rigueur teutonne s'effondre sans gloire.

Organisation

« Alles in Ordnung », c'est ce que rêve d'entendre tout Allemand qui se respecte. L'ordre, mais aussi la ponctualité, la correction ou la propreté, tous ces clichés que les citoyens germaniques sont les premiers à perpétuer. Toute décision doit ainsi être prise en s'appuyant sur une organisation irréprochable, et une bonne idée ne peut être trouvée que par quelqu'un ayant les diplômes adéquats. Ce qui est important ce sont les règles. Que ce soit la loi ou le règlement intérieur de l'entreprise, plus elles sont précises plus l'Allemand est rassuré. Si vous avez le droit de fumer, un panneau vous en informera.

Transports en commun

Si vous décidez d'abandonner votre voiture, vous bénéficierez de l'excellent réseau de transports en commun. De nombreuses villes sont équipés des U-Bahn et S-Bahn, lointains cousins du métro et du RER, sans qu'une limite précise des compétences du S et du U puisse être définie. Les tickets délivrés dans l'un sont parfois valables dans l'autre, quand ce n'est pas le contraire, les zones desservies par le S ne sont pas toutes accessibles

avec le U, sauf exception qui fait figure de règle. Les explications des employés ne vous seront d'aucune utilité, et ne pourront que renforcer votre perplexité, d'autant plus que les tickets du S ou du U vous permettent dans certaines conditions imprécises d'utiliser également le tramway ou le bus, chaque fois que ce n'est pas interdit. Ne cherchez pas non plus une quelconque notice explicative ou un panneau secourable, ils ont tout prévu. Au bout du compte vous achèterez sans arrêt des tickets, ou vous marcherez.

Fascinés par le génie français, les Allemands ont tenu à développer une pâle copie du TGV appelée ICE, dont même les Coréens n'ont pas voulu, c'est dire. Pour compenser sa vitesse plus faible, l'ICE est équipé de fax et d'un réseau vidéo, tandis que pour consoler l'usager de l'absence de fax, le TGV français est équipé de sandwichs que la vitesse du voyage ne permet pas d'achever (1 sandwich = 5 litres d'eau = 3 h 30).

Écologie

Le souci écologique n'est nulle part plus développé qu'en Allemagne. Cela s'explique par l'état du Rhin, la mort des forêts assassinées par les pluies acides, la concentration des industries chimiques (la concentration c'est leur truc), et dernièrement l'héritage de l'ex-RDA où les écolos militaient dans des camps de travail. Les Allemands sont plus verts, car la nature y est plus esquintée qu'ailleurs.
La mort des forêts est un vrai drame national qui touche l'âme allemande. Dans l'inconscient collectif, la forêt est l'habitat naturel du Teuton, et le refuge - onirique - du contremaître de Volkswagen. 30 % du territoire est encore recouvert de forêt, mais pour combien de temps ?
Il fut une époque où la RFA exportait consciencieusement ses déchets vers la RDA. Celle-ci, partant du principe que la nature devait se plier aux exigences du communisme, rejetait l'ensemble immédiatement dans des rivières qui, ignorant tout du rideau de fer, charriaient ces scories jusqu'en RFA. L'Allemagne, désormais réunifiée, continue l'exportation en Pologne, en République Tchèque ou en Alsace.Obsédés du recyclage, toutes les pièces d'une voiture ou d'un réfrigérateur doivent être réutilisables, et la demande en papier recyclé est tellement forte, qu'il est nécessaire de fabriquer du papier neuf à seule fin d'être immédiatement retraité. Ces aberrations sont courantes, à l'image des trois, quatre ou parfois cinq poubelles que l'on trouve désormais dans les foyers allemands. Seule fausse note, ces différentes poubelles sont parfois jetées ensemble, sans aucun retraitement. Mais c'est l'intention qui compte.

Politesse

La « bonne » éducation allemande, évaluée au travers des standards français ou anglais, se rapproche plus des hauts fourneaux et de Creusot-Loire que de la joaillerie et du point de croix. La franchise allemande met en effet à rude épreuve la notion de politesse en cours chez leurs voisins. Alors qu'un Anglais tentera d'exprimer avec moult circonvolutions la probabilité infime que l'idée que vous venez de formuler, et qu'il n'a certainement pas bien ou pas complètement saisie, pourrait être erronée, l'Allemand vous dira franchement que vous venez de dire une connerie et une belle. Épargner la sensibilité d'autrui est une perte de temps peu productive.
Si l'on vous bouscule dans la rue, ne vous attendez pas à un mot d'excuse, bien content si on ne vous jette pas un regard furieux, vous suggérant à l'avenir de ne plus vous retrouver sur le chemin de votre agresseur, dont vous venez de casser la moyenne, c'est-à-dire la productivité. Bien heureux si vous avez la vie sauve.
Le regard furieux est une spécialité germanique, accompagnée d'une remarque outrée vous invitant à consulter un spécialiste des maladies mentales. Cette pratique commence dès le jardin d'enfants, et se termine dans les maisons de retraite. Contrairement à la France, où ce genre de réflexion, surtout en voiture, se fait sous une forme familière (« Non mais t'es malade ou quoi ? »), les convenances allemandes veulent que ce type de dialogue se fasse en utilisant le « Sie » (vous) de politesse (« Non mais, êtes-vous sain ? »). On peut injurier quelqu'un en Allemagne, mais le tutoyer serait d'une incroyable impolitesse.

Si un Allemand vous désarticule longuement le bras tout en vous broyant méthodiquement la main, ce n'est pas nécessairement un ancien officier de la Stasi tentant de vous faire avouer vos pensées bourgeoises et contre-révolutionnaires ; il est plus probable que ce soit un citoyen schleu vous signifiant son inaliénable amitié. Comme les Français, les Allemands sont très friands du serrage de main. Toutefois, presser la main de ses concitoyens est un exercice qui se pratique avec une énergie peu commune. La dislocation de tout ou partie des phalanges reste en effet un des éléments essentiels d'un serrage de louche réussi. Plus la poignée de main est longue, plus l'amitié qu'elle exprime est sincère et profonde. Un conseil, limiter le nombre d'amis teutons et les préférer polio ou mieux, manchot.

Échelle sociale

Sans faire de l'ostentation une religion comme les Italiens, les Allemands aiment se doter de tout le confort que le Deutsche Mark permet d'acquérir. Si vous avez de l'argent, tout le monde trouvera normal que vous le dépensiez sans fausse pudeur. On préférera toujours investir dans des biens durables, pour que vos voisins et relations s'aperçoivent durablement de votre aisance. Comme en France ou en Angleterre, les différences entre classes sociales se sont largement estompées, la plupart des citoyens allemands faisant partie d'une classe moyenne majoritaire. Cela a été d'autant plus facile qu'un ouvrier très qualifié peut parfaitement gagner autant d'argent qu'un cadre, et qu'il reçoit une considération au moins équivalente du reste du tissu social.

Les Allemands ont au cours des siècles trouvé une façon originale de la faire disparaître : ils l'ont multipliée à l'extrême.

La question de la noblesse a été réglée sans heurts. Les Allemands ont au cours des siècles trouvé une façon originale de la faire disparaître : ils l'ont multipliée à l'extrême. Les titres nobiliaires sont ainsi transmissibles non seulement au fils ou à la fille aînée, mais à tous les descendants, que les mariages se fassent entre nobles ou avec des roturiers. Si l'on ajoute à cette inflation exponentielle de titres, le fait qu'à la base 300 États indépendants ont été habilités à les délivrer, les Allemands sont donc à peu près virtuellement tous nobles — ce qui ne saute pas toujours aux yeux quand vous croisez 120 kilos de pures saucisses en short et chaussettes. Résultat des courses, plus personne ne l'est vraiment.

Sports et loisirs

Les loisirs posent un réel problème aux Allemands. Ces espaces de liberté sont un défi à l'ordre établi au cours desquels personne ne vous dit quoi faire ni si vous le faites bien. Dans le doute, les Allemands ont décidé de transformer leur temps libre en autant d'occasion de se mettre au travail, car ce que nous connaissons — et apprécions — sous le nom de « glande », n'a pas d'équivalent dans la langue de Goethe. Observer les loisirs des Allemands est donc un exercice extrêmement fatigant, et vous aurez sans doute besoin, vous, de souffler un peu. Les week-ends ou les vacances sont toujours des occasions d'apprendre quelque chose, que ce soit en mécanique auto ou en informatique.

Un tiers des Allemands font partie d'un club sportif et quelle que soit l'activité sportive qu'il pratique, le Goth aime posséder un équipement irréprochable, coûteux et professionnel. En sport, comme dans tous les domaines, l'habit fait le moine. Les succès de la RDA, notamment en athlétisme, ont fait craindre à l'occasion de la réunification que les deux Allemagnes réunies soient virtuellement imbattables. La mise à l'écart de champions outrageusement dopés (comme la sprinteuse Katherine Krabe, connue aussi sous le sobriquet de Stéroïde Krabe), a curieusement conduit un certain nombre d'entraîneurs est-allemands à quitter le pays. De façon incompréhensible, les performances est-allemandes ont considérablement chuté, tandis que les dits entraîneurs ont trouvé refuge à l'abri de la grande muraille de Chine (la nostalgie des murs probablement). Curieusement, les performances athlétiques chinoises semblent en grand progrès.

Associations

Les Allemands, très férus d'activisme civique sous toutes ses formes, adorent les associations. Il y a par exemple plus de 10 000 chorales, et chaque autre spécialité est au moins aussi bien représentée (rempailleurs de saucisses, tricoteurs de chopes, pour ne citer qu'eux). Leur réputation dans ce domaine est telle, qu'on prétend que maintenir trois Allemands dans une même pièce plus de 30 minutes, c'est laisser ressortir un club, car ils auront eu tout le loisir de trouver une bonne raison d'en former un (au moins celui des types ayant passé plus d'une demi-heure dans la dite pièce — n'oubliez pas d'aérer après).

Cette compulsion associative est le reflet de l'incapacité des Allemands à entreprendre des choses seuls. L'individualisme bourgeois est suspect dans un pays très porté sur le folklore de groupes (défilé au flambeau, jeunesses communistes...), et ne permet pas d'exprimer la moindre originalité : un danseur de cha-cha dans une boîte de nuit ne rencontrera que rires et moqueries. 50 danseurs de cha-cha, c'est un club respectable, et chacun fera en sorte de leur laisser un peu d'espace sur la piste de danse pour que leur passion commune puisse s'exprimer confortablement.

Attention, 100 types en uniformes, ça n'est pas un club, c'est une descente de police.

L'association, quel que soit son objectif, a toujours besoin d'un bureau, de réunions et de festivités. Il y a donc plusieurs places de trésoriers, de présidents, de secrétaires généraux à distribuer, et des réunions plénières à organiser. C'est le cœur battant qu'un membre préparera le budget annuel, le présentera à une sous-commission qui le fera approuver dans l'euphorie par l'assemblée générale annuelle. C'est là l'intérêt essentiel de ces associations, et si pour tout ces plaisirs il faut accepter de parler de temps à autre de philatélie ou faire une balade à vélo, le jeu en vaut largement la chandelle.

EROS
CENTER
I.W.F.
CHERS MEMBRES DE NOTRE ASSOCIATION "IMMER WIE FRÜHER" VOICI LES RÉSULTATS DES VOTES POUR LE SÉMINAIRE ANNUEL ! CE COUP-CI, NOTRE DESTINATION SERA ...BANGKOK !
OUAIIIS !!
PIC

C'est dès leur plus jeune âge que les Allemands sont formés à l'esprit associatif, puisque peu d'écoles offrent l'infrastructure nécessaire à la pratique sportive. Tous font donc partie très tôt d'un club sportif. Viennent ensuite les clubs d'étudiants qui permettent d'étendre les traditions, qui sont chez nous limités aux médecins ou aux architectes, à l'ensemble des futurs diplômés : chansons à boire, noubas éthyliques, consommation hallucinante de bière. De nombreux rites initiatiques émaillent des soirées par ailleurs copieusement arrosées et au cours desquelles certains participants boivent plus que de raison — les duels au sabre sont toujours en vigueur dans certaines communautés estudiantines. Les autres finissent saouls, ou gris, ou parfois avec une sacrée casquette. L'habitude étant prise dès le plus jeune âge, les associations existantes n'ont guère de mal à trouver de nouvelles recrues qui formeront ensuite l'élite de la nation.

Manger

Il existe plus de 200 sortes de pain, dont le très fameux Vollkornbröt, qui — comme son nom l'indique — est une arme de guerre qui vous descend dans l'estomac et vous cloue au sol plus sûrement qu'une prise de jiu-jitsu.

Dans un pays où il n'est pas rare de passer à table à 18 heures, vous pourriez vous attendre à ce que cette précipitation soit justifiée par la qualité de la table. Si la quantité et la fréquence des repas sont à souligner, ce qui pourrait être un avantage doit malheureusement être rangé dans la catégorie des inconvénients majeurs. A moins d'adorer se goinfrer de pommes de terre et de charcuterie six fois par jour, et si l'on n'a pas pour ambition de se façonner ce si charmant triple menton qui est le trait commun de nombreux quadragénaires germaniques, on se contentera de participer aux agapes d'outre-Rhin en simple qualité d'observateur, ce qui n'est pas la moindre des souffrances.

Les habitudes alimentaires évoluent

cependant, et alors qu'un Allemand consommait quatre fois plus de patates qu'un Anglais il y a quelques années encore, il absorbe désormais deux fois plus d'aliments dits allégés (les Allemands sont incapables de faire dans la demi-mesure). Indépendamment de la bière (vous a-t-on dit au fait que les Allemands en buvaient ?), ils éradiquent un nombre incroyablement élevé de porcs dont ils sont les plus grands bourreaux de la planète. Du cochon, dans tous ces états (mais généralement assez dépité), ils en avalent au petit déjeuner, au casse-croûte, au déjeuner, au goûter, à dîner et avant d'aller se coucher (pour ne pas mourir de faim en dormant). Tout ceci accompagné de plus de 200 sortes de pain, dont le très fameux Vollkornbröt, qui — comme son nom l'indique — est une arme de guerre qui vous descend dans l'estomac et vous cloue au sol plus sûrement qu'une prise de jiu-jitsu.
Pour avaler ces énormes quantités de nourriture, il faut boire, et beaucoup. Par exemple de la bière (si, si, ils en boivent). Un tiers des brasseries mondiales se trouve en Allemagne, où l'on peut trouver 4 000 bières nationales et toutes les bières du monde.

Chaque brasseur étranger fantasme sur cet Eldorado où le père d'Achille Talon fait figure de peine-à-boire, mais tous doivent affronter le protectionnisme allemand. Une loi de 1516 a fait couler beaucoup d'encre au moment de la création du Marché Unique, puisqu'elle définissait de façon stricte le mode de fabrication de la bière, interdisant de facto la commercialisation en Allemagne de bières étrangères non conformes aux saintes écritures. Cette vente est aujourd'hui autorisée, mais les produits impurs sont étiquetés comme tels et éprouvent les plus grandes difficultés à se faire une place au soleil. Face à Pils — 1ere marque allemande — que pèse Kronembourg ? Export est également une bière réputée, curieusement très peu exportée, tandis que Alt (vieux) est une bière qui se consomme jeune.

Santé

les Allemands y consacrent 30 % de leur kolossal PNB.

Obsédés par leur santé, les Allemands y consacrent 30 % de leur kolossal PNB. Leur régime alimentaire exécrable les a conduit en rangs serrés vers les cardiologues, et le stress permanent qui les angoisse ne fait rien pour arranger les choses. La sécurité sociale est extrêmement généreuse en matière d'arrêt maladie, puisque l'on peut être globalement absent 6 semaines par an sans qu'un véritable contrôle ne s'effectue. Ajoutées aux 6 semaines de congés payés, voilà qui permet d'aller se reposer aux Canaries ou en Grèce, afin de se

remettre de la maladie allemande : les troubles circulatoires. Là où la vie d'un Français ou d'un Anglais s'arrête car sa circulation sanguine vient de tomber en rideau, celle d'un Allemand continue sans autre contrainte que celle d'absorber un nombre conséquent de médicaments destinés à relancer la machine. Cette maladie imaginaire fait, entre autres, la fortune des médecins allemands, qui rivalisent sans problème avec le clergé au niveau des Mercedes.
Les Allemands sont tout particulièrement friands de cures thermales. Ils partent en effet du principe sain que, si une cure n'est pas indispensable au traitement, elle ne peut en aucun cas en altérer l'efficacité. Il faut cependant signaler que l'engouement pour les cures n'est peut-être pas uniquement lié aux soucis de santé. La cure est toujours expressément pratiquée sans conjoint (afin sans doute d'éviter au curiste des efforts incompatibles avec son état). Ces milliers de célibataires plus ou moins vraiment malades ont donc l'occasion de se rencontrer dans des saunas mixtes, où l'on choisi ses partenaires en toute connaissance de cause, et permet ainsi de joindre l'utile à l'agréable au mépris des risques cardio-vasculaires que la pratique forcenée du zizi panpan leur fait courir.
Le gouvernement essaie bien en vain de mettre un frein à cette terrible inflation de cures et de soins, mais le combat est perdu d'avance.

Là où la vie d'un Français ou d'un Anglais s'arrête car sa circulation sanguine vient de tomber en rideau, celle d'un Allemand continue sans autre contrainte que celle d'absorber un nombre conséquent de médicaments destinés à relancer la machine.

Les Allemands sont en tous cas propres, voire maniaques. La tendance actuelle dans les foyers d'outre-Rhin est de prévoir une salle de bains par habitant, car le temps passé par chacun sous la douche et devant le lavabo oblige le premier membre de la famille à se lever à 5 heures du matin si le dernier baigneur veut avoir une chance d'arriver à l'heure au bureau. Moultes ablutions, solutions, rafraîchisseurs d'haleines, et aseptiseurs pédieux sont nécessaires au cérémonial matinal. Ils recherchent avant tout des produits chers, et si possible ayant un goût épouvantable.

4-Vie professionnelle

La robustesse des produits allemands est proverbiale. Celle-ci est la conséquence logique de l'ordre qui est censé régner, au bureau comme à la maison, à l'usine comme dans la boîte à gants. Un four qui tombe en panne, beaucoup plus qu'un ennui, est un rude coup porté au contrat social.

Business poilade

Les entreprises allemandes ont des noms extrêmement sympathiques : Hoechst, BASF, RWE et bien sûr Bosch. A l'évidence, l'ambiance est à la poilade, d'autant plus qu'ils sont, après le Japon, le pays qui utilise le plus de robots au monde (si l'on ne compte pas les ouvriers allemands).
Les Allemands appliquent à leur rythme de travail les principes qui dirigent leur vie en général : franchise et bon sens. Ainsi, un Mitarbeiter (collaborateur) est là pour travailler (pas pour rigoler), pour montrer qu'il travaille (montagne de notes en perspectives), pour gagner de l'argent (ils en gagnent et ils le disent), le tout dans un minimum de temps (travailler tard est un signe d'inefficacité, et c'est interdit).

Social

Pourtant, le social a toujours été au cœur du système. Dès Bismarck, difficilement assimilable à un socialiste utopique, l'Allemagne s'est dotée d'un système de sécurité sociale très en avance sur son temps, relayé par la suite par la fameuse cogestion à l'allemande, associant les représentants du personnel à la gestion des grandes entreprises. La modération et le sens de la responsabilité des syndicats allemands font rêver les patrons français, sans desservir, loin s'en faut, les intérêts des travailleurs teutons. Ils travaillent moins longtemps que les autres et sont les mieux payés de la planète. Malgré cela et malgré le Deutsche Mark — la monnaie la plus chère du monde — ils exportent leurs produits dans des proportions gigantesques : ils sont sans doute fous mais pas idiots.
Il faudrait alors envisager d'exporter la CGT et le CNPF de l'autre côté du Rhin pour réussir à les stopper. Il est toutefois probable que ces deux armes lourdes ne suffisent même pas, car quel que soit leur pouvoir de nuisance, ils ne peuvent être comparés aux fléaux qui ont frappé l'Allemagne au sortir de la Seconde Guerre mondiale. Des villes parfois détruites jusqu'à 50 %, un pays exsangue et 16 millions de réfugiés n'ont pas empêché cette increvable nation de représenter 50 % de la production industrielle européenne dès la fin des années 50.

La souplesse des acteurs de la vie professionnelle a pourtant quelques limites. Le changement d'orientation dans votre vie professionnelle est à exclure, à moins d'être qualifié (c'est-à-dire diplômé) dans la nouvelle filière à laquelle vous vous destinez. Vouloir passer du contrôle de gestion à la création publicitaire vous classera immanquablement dans la catégorie des individus auxquels il est impossible de faire confiance.

5-Vie culturelle

Contrairement à ce que l'on pense habituellement, les Allemands ne savent pas tout, ils savent simplement tout mieux que tout le monde. Étaler sa culture n'est pas chez eux une tare ou un manque de savoir-vivre, bien au contraire. Ne pas faire état de ses qualités, c'est certainement n'en avoir aucune.

Culture poids lourd

Il n'y a guère sujet plus sérieux que la culture aux yeux des Allemands. Il faut donc en retour que celle-ci s'affiche sous un aspect respectable. Une des choses les plus respectables, c'est le poids. Goethe, auteur de 143 volumes, est donc indubitablement un auteur sérieux. Nietzsche et ses 30 volumes sont également très fréquentables. Au plan musical, Wagner, dont l'écoute complète de l'œuvre requiert deux semaines entières — inutile de songer à manger ou dormir — est incontestablement un génie. Il faut sans doute voir dans le faible nombre de peintres allemands de renom, le regret à peine voilé du fait que la limite physique de la taille de la toile a toujours empêché la reconnaissance de cette discipline comme art majeur.

En tant qu'étranger sain de corps et d'esprit, ces monuments vous inspireront plutôt un sentiment de découragement légitime. Vous auriez néanmoins torts, et en vous attaquant à une infime parcelle des montagnes des principales œuvres allemandes, il se pourrait que vous soyez agréablement surpris. Goethe a ainsi pratiquement à lui seul donné à l'Allemagne une littérature qui rivalise avec la production française ou italienne. Toute l'âme allemande est présente dans son œuvre, et pour cela il est admiré et adoré. Il a écrit sur tous les sujets, tous les genres d'œuvres littéraires, apportant à chacun d'entre eux (poésie, romans, tragédie, récits de voyage...) une originalité certaine. Il fut très tôt une star adulée et célèbre dans toute l'Europe. A la fin de sa vie, l'organisation allemande reprit le dessus sur la folie des admirateurs, et l'on prit la décision de noter absolument tout ce qu'il faisait et disait. Il y a peu d'auteurs au monde dont on ait ainsi minute par minute, le compte rendu de l'activité (28 avril, 12 h 45 : M. Goethe est un peu ballonné ; 12 h 50 : un ami de M. Goethe ouvre la fenêtre).

Quelle que soit l'œuvre classique allemande que vous choisirez d'aborder, écartez tout de suite la possibilité d'une fin heureuse. Celle-ci ne peut espérer revigorer l'âme et, ne reflétant pas la dimension tragique de l'existence, elle tente de tromper le lecteur : elle n'est donc pas sérieuse. De façon générale, la culture allemande est tourmentée, volontiers tournée vers l'introspection, et vibrante d'un idéal absolu. Ce qui compte avant tout c'est le foisonnement d'idées, et que celles-ci soient exprimées de façon confuses, au travers de dizaine de milliers de pages n'émeut guère le lecteur teuton. Le style, ce n'est pas leur truc, ils laissent ça aux Italiens ou aux Français.
Le cinéma allemand ne ressemble lui non plus, à aucun autre. De « M le maudit de Fritz Lang », aux « Ailes du désir » de Wim Wenders, en passant par Fassbinder, ou Herzog, les réalisateurs d'outre-Rhin ont su nous livrer quelques perles étranges, glauques ou angoissantes, mais toujours intenses. On ne peut certes pas supporter de voir ça tous les jours, mais la qualité des œuvres est indiscutable, d'ailleurs faites le test autour de vous, personne n'en discute jamais.

De façon générale, la culture allemande est tourmentée, volontiers tournée vers l'introspection, et vibrante d'un idéal absolu.

Humour

Tout le monde est capable de citer des comiques américains, anglais, italiens, mais faites un sondage autour de vous, pas une personne ne sera capable de vous citer le nom d'un comique allemand. La raison en est simple il n'y a pas de comiques allemands, ou plus exactement ce qui fait rire un Allemand ne peut s'apparenter de près ou de loin à de l'humour. Pourtant, les Allemands prétendent posséder des comiques et même de féroces (il parait qu'un dénommé Otto fait rire). Personne n'est obligé de les croire. Il faut également noter que la satire politique n'avait pas disparu de la RDA, chacune des grandes villes de l'Est possédant son cabaret d'État, dont les spectacles étaient visés par la censure. Néanmoins, les spectacles restaient très prisés, car par la magie de l'improvisation, ils pouvaient dégénérer à tout moment et devenir dangereux.
L'humour allemand passe en fait mal la rampe de la traduction. Peu d'étrangers maîtrisent

vraiment cette langue difficile, alors que l'anglais — et son humour — est plus répandu. L'autre difficulté c'est le strict cantonnement de l'humour à certains moments de l'existence. Il n'est, par exemple, pas envisageable d'essayer de détendre l'atmosphère tendue d'une réunion de travail en racontant une bonne blague.
L'ironie est également très mal perçue car elle n'est pas compatible avec la franchise qui doit régner dans les rapports. Ils aiment bien se moquer des autres, mais supportent mal que l'on se moque d'eux. N'attendez donc pas qu'ils se moquent d'eux-mêmes. Souvenez-vous également que les blagues racistes, pour des raisons historiques, n'ont pas cours en Allemagne : les moqueries sur les Allemands de l'Est n'ont débuté qu'après la réunification.

Il n'est pas envisageable d'essayer de détendre l'atmosphère tendue d'une réunion de travail en racontant une bonne blague.

Ce qu'ils aiment avant tout, c'est se moquer des caractères régionaux de leurs congénères, qu'ils soient Prussiens ou Bavarois. Là encore, mission impossible pour un étranger à qui ces subtilités régionales échappent légitimement. Néanmoins, et à toutes fins utiles au cours de vos déplacements, voici livré ici l'un des plus purs joyaux de l'humour allemand : « Un Prussien, un Bavarois et un Souabe sont attablés à une terrasse de café. Ils boivent chacun une bière, quand trois mouches viennent nonchalamment se poser dans les verres des convives. Le Prussien vide son verre et commande une autre bière. Le Bavarois retire la mouche et finit sa bière. Le Souabe retire la mouche et la force à cracher la bière qu'elle avait avalé. » Bien.

Dans certains rassemblements publics, lorsque les discours ont une vocation Komik, un orchestre ponctue les blagues de l'orateur, ce qui permet à chacun de rire au bon moment. Le rire, comme toute chose, est parfaitement organisé, et l'humour non planifié n'a pas sa place. Il n'est pas sûr que ce soit là la meilleure idée qu'ils aient eu.

Télévision

Bien que les présentateurs soient d'une correction impeccable — on s'adressera toujours au spectateur en termes choisis — le niveau de la télévision allemande, est consternant, ce qui est généralement le cas partout dans le monde sauf en Angleterre et en France. La pub en particulier est atterrante pour les disciples de Goude ou Chabat, l'ambiance restant plutôt aux messages basiques (« le riz Oncle Vonrichtenbraumwürst est vachement bon »). Les seuls téléspectateurs choyés sont les jeunes. Les programmes pour bambins sont parmi les meilleurs d'Europe, et les adolescents, dès les années 70, ont pu trouver sur les antennes nationales des groupes que les chaînes françaises hésiteraient encore à programmer aujourd'hui.

Musique

Les Allemands sont privés depuis 1945 des deux premières strophes de leur hymne national (Deutschland über alles) qui avait écorché les oreilles des mélomanes les plus avertis entre 1933 et 1945. Comme quoi la musique allemande n'a pas toujours bonne réputation, même si Mozart, Bach, Beethoven, Wagner, et Haendel ont montré quelques talents dans le passé.
La présence américaine sur le sol allemand a permis l'essor d'un mouvement rock important. Aujourd'hui encore, les Allemands sont parmi les leaders pour tout ce qui touche les mouvements alternatifs, le hip-hop, la techno et les rave parties. La monstrueuse « Love Parade » de Berlin, qui a rassemblé plus de 300 000 personnes autour de chars de carnaval déversant des dizaines de milliers de watts hurlants, n'a guère de chance de voir le jour à Paris. Dans le doute, les Allemands ont toujours tendance à donner le label « culture » à tout mouvement de jeunes. En France, on envoie la police.

... LA TECHNO

Bien avant cela, l'Allemagne avait donné naissance à quelques groupes mythiques, comme Kraftwerk, ou Nina Hagen. Cette ex-Allemande de l'Est se destinait initialement à une carrière de chanteuse d'opéra, et mit finalement son organe au service de l'underground allemand. Nul doute que les autorités est-allemandes se félicitèrent de l'avoir expulsée quand, sur une chaîne de télévision autrichienne, elle délivra une leçon de masturbation avec un micro, au cours d'une émission aussi rock qu' « Aujourd'hui Madame ».

La presse

La patrie de Gutenberg consomme toujours beaucoup de papier imprimé. Sur les 300 quotidiens édités en Allemagne, seuls trois sont vraiment diffusés sur l'ensemble du territoire. Il s'agit de Bild, Die Welt et du Frankfürter Allgemeine. Le premier s'intéresse essentiellement aux histoires d'enlèvements d'enfants, si possible découpés en morceau puis violés horriblement. Les deux autres se préoccupent d'événements beaucoup moins porteurs, comme la crise économique mondiale ou la guerre en Bosnie.

Romantisme

Il peut paraître étonnant qu'un peuple aussi raisonnable et organisé ait pu être si sensible au romantisme. Ce mouvement pose en effet pour principe le prima du sentiment sur la raison, ce qui ne semble pas être le principal trait de caractère de l'Allemagne d'aujourd'hui. Les Allemands sont d'ailleurs persuadés d'avoir l'exclusivité du romantisme, alors que des courants équivalents ont pris forme en France et en Angleterre, mais Vigny ou Lamartine n'évoquent rien pour eux. Ce romantisme est de fait indissociable de l'âme allemande, et prouve qu'ils sont capables d'une imagination sans limite. Prenez par exemple la Lorelei, ce symbole du romantisme. Ce n'est en fait qu'un gros rocher, et voir dans cette caillasse une vierge blonde punie pour sa pruderie pourra épuiser votre budget vacances en schnaps, alors qu'un Allemand apercevra la blondasse dès la première pinte.

Langage

Si l'on aime le bruit d'une craie qui ripe sur le tableau noir, ou le crissement du couteau sur la porcelaine, la langue allemande peut sembler douce à l'oreille des amateurs de sensations fortes. Pourtant l'allemand, comme son peuple, est une langue franche et sans chichi. Ce n'est pas chez eux que De Broglie se prononcerait « De Breuille » ou Leicester « Leister ». L'Allemand, contrairement aux apparences, est d'une grande souplesse. C'est une des rares langues à autoriser ses locuteurs à inventer en permanence de nouveaux mots, simples collages de verbes et de noms formant un nouveau concept. Le revers de la médaille, ce sont ces noms incroyablement longs et qui nécessitent de longues minutes d'analyses avant d'être décryptés.
Prenez au hasard, avec néanmoins un peu d'élan Vergangenheitsbewältinug : c'est l'ensemble des difficultés qu'une nation peut avoir à assumer un passé lourd. Voilà bien l'exemple parfait qui illustre à la fois l'angoisse allemande, la concision de leur langue, son caractère intraduisible et enfin sa joliesse.

Conversation

L'échange de banalités n'existe pas entre deux locuteurs allemands. En tout cas celui-ci n'est jamais volontaire, car un Allemand est convaincu du grand intérêt de tout ce qu'il peut raconter. L'Allemagne n'est donc pas le pays de prédilection des politologues et météorologues amateurs que l'on peut rencontrer en masse dans nos contrées. Un « ça a drôlement fraîchi ces jours-ci » ou « c'est pas ce que j'appelle vraiment l'hiver » laissera de marbre vos interlocuteurs. La conversation de tous les jours doit aborder les grands sujets de l'existence comme la quantité énorme de travail que vous avez abattu ou allez abattre, l'angoisse métaphysique libérée par la chute du mur, ou les statuts du club des amateurs de bière-éther que vous rédigez actuellement.
Ne vous risquez pas non plus dans un « comment allez-vous ? ». Votre interlocuteur se sentira alors en droit de se livrer à un check-up complet de sa santé physique et mentale. Si vous ne vouliez pas savoir, vous n'aviez qu'à pas poser la question.

Insultes

La langue allemande, et les grandes variations de vocabulaire qu'elle autorise, fourmille bien évidemment d'expressions salaces et ordurières. Sachez simplement que le « Scheisse » (alias « merde ») est si répandu, que bien peu de gens savent encore qu'il s'agit d'un mot grossier. Mais ne vous risquez pas pour autant à injurier à la légère un inconnu. Si les tribunaux allemands se montrent raisonnablement cléments à l'égard des coups et blessures, mettre en doute les capacités mentales ou les pratiques sexuelles de votre interlocuteur peut vous mener tout droit en prison.
Autre détail amusant, si vous croisez des individus brandissant une main rageuse, dont seul le majeur est en extension, n'en tirez pas de conclusions hâtives. Ce signe, est l'équivalent de notre « V » de victoire. En revanche, ne vous grattez pas le nez avec l'index dressé, les Allemands ayant remplacé notre majeur par l'index.

Traditions

Longtemps divisée en une myriade de petits États, l'Allemagne collectionne les traditions locales qu'elle respecte encore de nos jours avec ferveur. La plupart d'entre elles consistent globalement en l'absorption de gigantesques quantités de bière (il leur arrive parfois d'en consommer). Vous n'aurez donc guère de mal à comprendre, vous aurez en revanche plus de mal à rivaliser. Beaucoup de festivités tournent autour des associations, qu'elles aient pour but de promouvoir les costumes traditionnels, les pigeons voyageurs ou la chasse à la Wurstgalinette cendrée. Le programme de la journée ressemblera grosso modo à ceci :

— Bière de bienvenue.
— Cérémonie religieuse.
— Bière rituelle.
— Défilé dans les rues.
— Pause bière.
— Pot d'adieu (bière à volonté).

Si vous construisez une maison, vous n'échapperez pas à la cérémonie du Richtfest. Vous fixerez donc un petit arbre en haut du toit de votre maison, pour indiquer que celle-ci est en cours d'achèvement. Par ailleurs vous inviterez quelques amis à boire un ou deux milliers de canettes.

Difficile à ce stade de passer sous silence la célèbre fête de la bière à Munich, qui permet de relativiser grandement l'image respectable des Allemands en particulier, et l'évolution de l'homme en général. La quantité de bière qui est consommée pendant ces deux semaines, suffirait à couvrir les besoins d'un pays de taille moyenne pour une année. Si vous adorez vous déguiser avec un pantalon de peau, et un chapeau ridicule, tout en hurlant des chansons à boire, puis pisser sous la table (une rigole est creusée à cet effet pour que les joyeux convives n'aient pas à faire la queue pendant des heures devant les toilettes), l'Oktoberfest est pour vous (pas pour moi, merci).
Pâques reste une période très propice aux festivités diverses, le calendrier chrétien ayant tenté de récupérer les fêtes païennes marquant le retour du printemps. De nombreux carnavals ont lieu à cette époque, et tout au long de cette période l'ordre et la discipline passent largement au second plan. Beaucoup d'entre eux illustrent encore des allégories reposant sur des histoires de prince, de princesse et de paysan. Tous les personnages sont interprétés par des hommes, même la princesse. Avec du poil aux pattes et 25 litres de bière, il n'est pas toujours facile d'avoir l'air désirable. Peu y arrivent. Pour Noël, les Allemands sont censés manger des gâteaux épicés et de la carpe. Comme cette bestiole est virtuellement immangeable, ils font comme tout le monde, ils mangent de la dinde (ou des saucisses, qui se marient divinement bien avec la bière). Les cadeaux sont remis à l'occasion de la Saint-Nicolas (le 6 décembre), sorte de répétition générale de la cérémonie de Noël. Ce jour-là les enfants n'ont pas accès à la maison ou à la salle de séjour avant cette distribution (quand on vous disait qu'ils n'aiment pas les enfants).

6-Vie politique

Gouvernement

L'Allemagne est depuis 1945 un état fédéral dont Bonn est longtemps restée la capitale. Berlin, en 1991, a retrouvé sa place de première ville d'Allemagne

Le gouvernement fédéral s'occupe de la politique étrangère, de la défense, des réseaux nationaux (télécommunication), laissant aux Landers toute autorité en matière d'éducation, ou de police. Comme en Angleterre, c'est de l'assemblée nationale (Bundestag) que dépend la nomination du chef du gouvernement (le chancelier), comme en France le patron à tendance à s'éterniser (Kohl est là depuis 1982). Les femmes sont présentes dans la vie politique comme nulle part ailleurs, et remplissent les bancs du Parlement.

La reine locale est un président de la république qui dispose d'autant de pouvoirs, mais d'une collection de chapeaux très insuffisante pour espérer rivaliser.
La vie politique locale remplit les colonnes des journaux, et beaucoup d'hommes politiques brillants ne songent jamais à aller exercer leurs talents à Berlin, petite ville provinciale ennuyeuse.

L'ALLEMAND EST INGÉNIEUX !

Loi

Ça n'étonnera personne, mais en Allemagne, on ne rigole pas avec la loi (encore moins avec les policiers dont le processus de sélection permet d'éliminer systématiquement tout individu suspect d'humour). Globalement, tout est interdit, sauf si vous possédez une trace écrite du contraire.
La différence est donc sensible pour un Français chez qui tout est permis même quand c'est interdit, ou pour un Russe, pays sublime, où tout est interdit même quand c'est autorisé.

Globalement, tout est interdit, sauf si vous possédez une trace écrite du contraire.

Education

On attribue souvent à l'excellent système scolaire allemand, le faible niveau de chômage du pays. Il est vrai qu'à la satisfaction humaniste de fabriquer des milliers de philosophes, d'historiens et de psychologues, les Allemands ont préféré le pragmatisme, et forment plutôt des ouvriers qualifiés pour leur industrie ou du personnel d'encadrement pour leurs banques. Les lâches.
La religion du « tronc commun » n'a pas franchi les frontières. Alors qu'en France on repousse le plus tard possible les choix d'orientation, la sélection germanique entre les élèves appelés à une filière longue (université) et l'apprentissage d'un métier se fait extrêmement tôt, dès l'âge de 10 ans.
Paradoxalement, les écoles allemandes ne sont pas des bagnes où parallèlement aux 38 heures de cours, on exige 20 heures de travaux personnels. Les rythmes scolaires sont beaucoup plus adaptés, et de nombreuses après-midi sont consacrées au sport.
Attention, certains mots du vocabulaire éducatif allemand sont de faux amis. Si le correspondant allemand de votre fils vous dit qu'il vient d'être admis dans un Gymnasium, ne lui parlez pas de barres parallèles ou de cheval d'arçon. Ce Gymnasium est un lycée préparatoire aux universités. De même, s'il évoque fièrement l'Abitur de son grand frère, n'embrayez pas immédiatement sur vos souvenirs de cuite.
L'Abitur c'est le bac.
Étudier c'est s'investir, et en Allemagne tout investissement doit être payé de retour.
Indépendamment du job qui vous sera offert une fois votre diplôme universitaire en poche, vous aurez également le droit à la reconnaissance du tissu social, tout votre entourage vous donnant du Herr Doktor (si doctorat dans la poche il y a). Si vous êtes vicieux — ou si vous avez acheté à l'étranger des titres universitaires, pratique fréquente et légale — vous aurez plusieurs doctorats. Dans ce cas, pas de chichi, on vous donnera du Herr Doktor Doktor et ainsi de suite.

Les immigrés

Le terme même qui les désigne — Gastarbeiter (travailleurs invités) — prouve bien que l'assimilation d'étrangers n'est pas une notion aussi présente en Allemagne qu'aux États-Unis.

Si l'Allemagne compte beaucoup d'étrangers dans sa partie occidentale (7 % de la population contre 1 % à l'Est), il y a en fait relativement peu d'immigrés au sens plein du terme, tant les familles installées ici semblent désireuses dans leur grande majorité de rentrer chez eux après avoir accumuler suffisamment de Deutsche Mark.
Peu nombreux sont ceux qui font les démarches pour devenir citoyens allemands. Le terme même qui les désigne — Gastarbeiter (travailleurs invités) — prouve bien que l'assimilation d'étrangers n'est pas une notion aussi présente en Allemagne qu'aux États-Unis.
La plus grande communauté étrangère est turque, avec plus de trois millions de représentants, et les difficultés liées à son intégration sont celles que connait la France avec ses communautés d'Afrique du Nord. Il ne faut surtout pas en déduire que les étrangers sont plus mal traités dans ce pays

qu'ailleurs, bien au contraire. Sachant fort bien que le traitement des minorités est scrupuleusement observé par tous leurs partenaires, les Allemands, et plus particulièrement les jeunes, sont très attentifs au respect des droits des minorités. Tous sont majoritairement en faveur d'une société multiraciale.

Dès que quelques crânes rasés semblent vouloir menacer ce consensus, les exactions de ces paumés font la Une des journaux et des télévisions, que ce soit d'ailleurs en Allemagne, en France, ou en Angleterre.
Les principaux foyers de tension intercommunautaires sont désormais situés en ex-Allemagne de l'Est, qui doit faire face depuis la réunification, à une émigration nouvelle des pays de l'Est (Pologne, Roumanie et République Tchéque). Les ex-gardiens du rideau de fer, qui se sont échinés pendant quarante ans à garder les gens en deçà des frontières du pays, doivent aujourd'hui lutter dur pour les garder au delà.

7-Vie commune

Ce chapitre a une résonance toute particulière dans un pays qui doit non seulement cohabiter avec des peuples voisins, mais avant tout refaire vivre ensemble les populations qui composaient les ex-RDA et RFA.

Le mur : rideau

Le rideau de fer — 80 500 km de barbelés, quelques centaines de morts — qui coupait l'Europe en deux, était symbolisé par le mur de Berlin. Entourer l'Allemagne de barbelés n'était pas vraiment une idée neuve, les Romains ayant déjà tenté l'expérience sur le flanc ouest, en érigeant un mur fortifié le long du Rhin .
Le mur, construit en 1961 avec l'accord tacite des États-Unis, fut le cimetière d'une centaine d'Allemands de l'Est tentant de fuir le paradis des travailleurs, où — indépendamment du flicage constant — un ouvrier touchait un salaire inférieur de 90 % à celui de son homologue ouest-allemand (néanmoins, durement exploité par le capitalisme multinational à la solde de l'impérialisme américain à face de hyène). On avait utilisé pour sa construction 107 km de plaques en béton destinées à une autoroute Berlin-Rostock jamais construite : il est donc vraisemblable que ce mur ait été largement financé par les puissances occidentales.

Le mur reste toutefois la création la plus profitable que le système soviétique ait jamais produite, puisqu'un Américain a proposé en 1989 de le racheter pour 50 millions de dollars. C'est beaucoup plus que la plupart des entreprises est-allemandes bradées par la Treuehand (organisation chargée de privatiser les entreprises de l'Est) et dont toutes n'ont pas trouvé preneur. Plus fort encore, au détail une brique se vend de 50 à 70 dollars. Les Chinois et leur muraille de Chine sont donc virtuellement la nation la plus riche du monde.

Réunification

La réunification des territoires est une obsession constante de l'histoire allemande : tel le robot tueur de Terminator II, l'Allemagne est régulièrement éclatée en sous-États (en 1648, le traité de Westphalie découpe le territoire en 1 800 États et territoires), et dont la séparation en deux Républiques n'a été que le dernier des avatars. Personne n'aurait pu

imaginer un règlement aussi rapide et aussi pacifique de l'unification de l'Allemagne. Jamais un État n'a été dissous aussi rapidement que l'ex-RDA, preuve de sa popularité. Dans ce petit bijou de démocratie populaire, une moitié de la population avait été recrutée pour surveiller la façon dont l'autre moitié espionnait la première moitié (relisez tout ça calmement). On y condamnait également des innocents à de lourdes peines de prison pour les revendre à l'Ouest au prix fort (plus ils étaient innocents, plus c'était cher). Et l'Allemagne de l'Est a directement aidé la Russie dans la course aux armements en consacrant l'intégralité de ses mines d'uranium de Saxe à la fabrication de la bombe. Enfin bref, tout ça était globalement très positif.

Dans ce petit bijou de démocratie populaire, une moitié de la population avait été recrutée pour surveiller la façon dont l'autre moitié espionnait la première moitié.

La réunification allemande, juste après la légitime satisfaction de voir qu'un peuple peut s'affranchir de ses bourreaux sans qu'une goutte de sang ne soit versée, a engendré une angoisse chez les autres peuples européens.
80 millions de Fridolins assoiffés de productivité et avides d'exportation, ça n'a pas fait sourire très longtemps.
Il faut bien reconnaître que la réunification des deux Allemagnes était surtout une préoccupation à l'Ouest. A l'Est, on était plutôt tenté par le niveau de vie de l'Ouest. Il semble désormais que cette réunification achevée, on ne soit vraiment emballé ni d'un côté ni de l'autre.

Relation avec les voisins

Les Allemands considèrent les Anglais comme de proches cousins (germains ?), ce en quoi ils ont tort. L'humour anglais leur est difficilement accessible, et l'excentricité des Britanniques les laisse de marbre. Il faut reconnaître à leur décharge que tandis qu'ils visitaient de façon approfondie la France et ses terroirs entre 1939 et 1945, l'Angleterre se montrait plus réticente à leur tourisme bruyant : la Grande-Bretagne reste donc une destination et un peuple sublimés car inconnus dans l'ensemble.

L'humour anglais leur est difficilement accessible.

CHANGEMENT DE DIRECTION

Les Allemands admirent les Américains pour leur apparence très détendue et l'absence de formalisme dans leurs relations, ce dont eux-mêmes sont virtuellement incapables.

Les Allemands se prennent parfois à rêver en regardant les peuples latins, leur mode de vie, leur philosophie, puis retournent bien vite à la maison où tant de travail les attend. Les Italiens, dont ils envahissent régulièrement les plages leurs sont donc chers.

Au-delà de la nourriture ritale dont ils raffolent, ils ont longtemps partagé

avec eux l'obsession de la réunification de leur pays. Celle-ci désormais acquise depuis un siècle, ils peuvent continuer à s'interroger ensemble sur le bien-fondé de celle-ci.
Les Français les fascinent littéralement. La culture hexagonale a longtemps été le modèle à suivre, et l'art de vivre à la française est pour eux mythique. On dit d'un homme qu'il est « heureux comme un dieu en France ». La France, après la guerre, a pourtant longtemps refusé toute instance centrale allemande, administrant même jusqu'en 1956 une partie du pays (la Sarre). Mitterrand en 1989 après la chute du mur déclarait sans rire que la réunification n'était pas à l'ordre du jour. Pas de doute, les Allemands peuvent compter sur la bonne volonté des Français. Toutefois la prétention française, et son obsession de grandeur agace par moment outre-Rhin, et la France — ce nain économique qui joue au géant politique — est ironiquement appelée « la grande nation » par une partie de la presse alémanique.
Le seul peuple plus germain que les Allemands, reste indiscutablement les Suisses. Champion du monde de l'ordre et de la propreté, les Allemands s'avouent sans complexe vaincus par des gens qui dénoncent à la police leurs voisins, quand ceux-ci font dépasser du courrier de leur boîte aux lettres. Est-ce que les Allemands ont jamais déclaré la guerre aux Suisses ?

La France, après la guerre, a pourtant longtemps refusé toute instance centrale allemande, administrant même jusqu'en 1956 une partie du pays (la Sarre).

L'Europe

On a parfois l'impression que les Allemands ont toujours quelque chose à réunir, que ce soient leurs associations ou leur pays. Cette dernière achevée, il s'investisse plus encore dans la construction européenne, assimilable à une réunification, d'autant plus indispensable à leurs yeux que le potentiel futur État fédéral européen leur permettra de diluer leur germanisme dans du sang chaud. Les Allemands sont paradoxalement les premiers à se méfier des trop grandes vertus teutonnes (ordre, ditzipline, etc.), et des troubles créés par la réunification : la tension entre les deux communautés est encore assez vive, puisque les niveaux de vie et de chômage n'ont pas encore été unifiés, ce qui est propice à toutes les démagogies.
Pour préserver le risque de tout débordement, les Allemands sont donc devenus des Européens hors pair.

Conclusion

Le Baron von Richthofen avait coutume de dire « Personne n'est parfait, mais nous y travaillons ».

L'ennui, c'est que les Allemands ont toujours eu tendance à faire payer l'addition de cette quête de la perfection à leur entourage : c'est la solution finale ou le dernier catalogue de Mercedes. Goethe avait pourtant tenté de les mettre en garde en écrivant que « l'expérience est toujours une parodie de l'idée de départ ». Karl Marx — citoyen allemand distingué — n'a pas vécu assez longtemps pour constater combien Goethe avait raison.

Cette distorsion entre les idées et la réalité, voilà ce qui confère à la vie cette dimension tragique que les Allemands chérissent tant, et qui les pousse au rêve et au romantisme. Il faudrait néanmoins qu'ils arrêtent de rêvasser, car leur plus faible taux de fécondité du monde menace à — long — terme leur existence. On les comprend, ils sont lucides et n'ont guère envie de se reproduire, mais l'accroissement négatif de leur population fait que dans 1 000 ans ils ne seront plus fous, ils seront au musée.